BEI GRIN MACHT SICH IHR WISSEN BEZAHLT

Erstellen eines Passwortgenerators in Java

Christian Sauer

Bibliografische Information der Deutschen Nationalbibliothek:

Die Deutsche Nationalbibliothek verzeichnet diese Publikation in der Deutschen Nationalbibliografie; detaillierte bibliografische Daten sind im Internet über http://dnb.d-nb.de abrufbar.

ISBN: 9783389005248
Dieses Buch ist auch als E-Book erhältlich.

Druck und Bindung: Books on Demand GmbH, Norderstedt Germany
Gedruckt auf säurefreiem Papier aus verantwortungsvollen Quellen

Das vorliegende Werk wurde sorgfältig erarbeitet. Dennoch übernehmen Autoren und Verlag für die Richtigkeit von Angaben, Hinweisen, Links und Ratschlägen sowie eventuelle Druckfehler keine Haftung.

Das Buch bei GRIN: https://www.grin.com/document/1459447

FOM Hochschule für Oekonomie & Management

Hochschulzentrum Stuttgart

Projektarbeit

Im Studiengang Wirtschaftsinformatik (BWI WS23 S)

1. Semester

über das Thema

Erstellen eines Passwortgenerators in Java

Modul:	Konzepte der Programmierung
Autor:	Christian Sauer

Abgabedatum:	28.02.2024

Inhaltsverzeichnis

Abkürzungsverzeichnis

API	Application Programming Interface / Programmierschnittstelle
EDT	Event-Dispatching-Thread
GUI	Graphische Benutzeroberfläche
JDK	Java Developers Kit
JVM	Java Virtual Machine

Abbildungsverzeichnis

1 Einleitung

1.1 Problemstellung

Für das Modul „Konzepte der Programmierung" soll mittels der Programmiersprache Java ein Passwortgenerator erstellt werden. Ein Passwortgenerator ist ein Programm, das zufällige Passwörter erzeugt, die bestimmten Kriterien entsprechen. Zum Beispiel können Passwörter eine bestimmte Länge haben und aus einer Kombination von Buchstaben, Zahlen und Sonderzeichen bestehen oder bestimmte Wörter oder Muster vermeiden. Ein Passwortgenerator kann Nutzern helfen, sichere Passwörter zu erstellen, ohne sich auf ihre eigene Kreativität oder ihr Gedächtnis verlassen zu müssen. Der Passwortgenerator soll auf Basis individueller Parameter eine zufällig generierte Zeichenfolge erstellen und kopierbar zur Verfügung stellen. Dabei sollen Java-Grundlagen sowie die Prinzipien der Objektorientierung berücksichtigt werden. Die konkreten Anforderungen an den Passwortgenerator sind die Folgenden:

Der Passwortgenerator soll eine grafische Benutzeroberfläche (GUI) haben, die es dem Nutzer ermöglicht, die gewünschten Passwortoptionen auszuwählen.

Außerdem soll eine Funktion integriert sein, die die Sicherheit des generierten Passworts bewertet und dem Anwender Feedback gibt.

Eine weitere Funktion soll das generierte Passwort in die Zwischenablage kopieren.

1.2 Ziel der Arbeit

Das Ziel dieser Arbeit besteht darin, die Planung und Entwicklung einer Java-Anwendung zu erläutern. Die Umsetzung des Passwortgenerators erfolgt dabei unter Anwendung objektorientierter Prinzipien. Die dabei eingesetzten Prinzipien und Komponenten werden ebenfalls detailliert beschrieben, um ein umfassendes Verständnis von den Grundlagen, über die Planung bis hin zur Realisierung der Anwendung zu vermitteln.

1.3 Aufbau der Arbeit

Im Anschluss an die einleitenden Worte des ersten Kapitels zeigt das zweite Kapitel eine umfassende Einführung in die essenziellen Grundlagen der Passwortsicherheit. Es behandelt detailliert die Anforderungen an starke Passwörter und diskutiert verschiedene, weit verbreitete Methoden des Passwortdiebstahls und -angriffs. Im dritten Kapitel erfolgt eine tiefgehende Betrachtung der Programmiersprache Java, indem erläutert wird, warum gerade diese Sprache besonders gut für die Entwicklung von Anwendungen geeignet ist, die ein hohes Maß an Sicherheit erfordern.

Auf der Basis der in den vorangegangenen Kapiteln gelegten theoretischen Grundlagen fokussieren die Kapitel 4 und 5 auf die praktische Bearbeitung und Lösung der zu Beginn der Arbeit formulierten Problemstellung. Im vierten Kapitel wird die Konzeptionsphase der Java-Anwendung detailliert beschrieben, wobei besonderes Augenmerk auf die Spezifikationen und den Entwurf der Lösung gelegt wird, einschließlich einer ausführlichen Beschreibung der wichtigsten Komponenten und der verwendeten Algorithmen. Im fünften Kapitel wird die Umsetzung dieser Konzepte in die Praxis beschrieben, mit einer präzisen Darstellung der Entwicklungsschritte der Java-Anwendung und einem tiefgreifenden Einblick in den dazugehörigen Code.

Das sechste und letzte Kapitel der Projektarbeit widmet sich einer abschließenden Bewertung der erzielten Ergebnisse und bietet eine kritische Reflexion über das gesamte Projekt. Das Hauptziel dieser Projektarbeit ist es, ein tieferes Verständnis für die Komplexität und die entscheidende Bedeutung der Erstellung von sicheren Passwörtern zu fördern und gleichzeitig die technische Implementierung in der Programmiersprache Java vorzuführen.

2 Grundlagen der Passwortsicherheit

Passwörter sind ein wichtiger Bestandteil der digitalen Sicherheit. Sie schützen persönliche Daten, Online-Konten und vertrauliche Informationen vor unbefugtem Zugriff. Wie man ein Passwort erstellt, dass nicht leicht zu erraten oder zu knacken ist, beschäftigt dabei nicht nur einzelne Anwender, sondern auch Unternehmen und Organisationen, die sensible Daten verwalten und schützen müssen.

Ein sicheres Passwort sollte die folgenden Kriterien erfüllen:

Es sollte ausreichend lang sein, mindestens acht Zeichen, besser noch mehr.

Es sollte aus einer zufälligen Kombination von Buchstaben, Zahlen und Sonderzeichen bestehen, die keinen Zusammenhang bilden

Es sollte nicht aus Wörtern oder Namen bestehen, die im Wörterbuch stehen oder mit der Person in Verbindung gebracht werden können.

Es sollte nicht aus einfachen Mustern oder Wiederholungen bestehen, wie 123456 oder abcabc.

Es sollte für jeden Online-Dienst oder jede Anwendung individuell sein und nicht mehrfach verwendet werden.

Diese Kriterien sollen verhindern, dass das Passwort durch verschiedene Angriffsmethoden geknackt wird. Im Folgenden werden die häufigsten Angriffsmethoden erläutert. Beim sogenannten Brute-Force-Angriff werden systematisch alle möglichen Kombinationen von Zeichen ausprobiert bis das Passwort gefunden wird. Die Dauer bis zum Erfolg dieses Angriffs hängt davon ab, wie lang und komplex das Passwort ist. Hieraus ergibt sich die Anforderung, dass das Passwort immer lang genug gewählt werden muss, um die vollständige Suche mit den verfügbaren Ressourcen praktisch unmöglich zu machen. [1] Grundsätzlich gilt, je länger und komplexer ein Passwort gestaltet ist, desto unwahrscheinlicher ist es, dass es durch einen Brute-Force-Angriff entschlüsselt wird.

Anmerkung der Redaktion:
Diese Abbildung wurde aus urheberrechtlichen Gründen entfernt.

Abbildung 1: Dauer eines Brute-Force-Angriffs (Hive Systems)[2]

[1] Vgl. Pohlmann (2022), S. 66
[2] Hive Systems (2024)

Abbildung 1 veranschaulicht die Dauer eines möglichen Brute-Force-Angriffes in Verbindung mit verschiedenen Sicherheitsparametern und gibt die rechnerische Stärke eines Passworts an.

Beim sogenannten Wörterbuch-Angriff bzw. der Trial-and-Error-Methode wird die Brute-Force-Methode systematisch auf bekannte Wörter aus dem Wörterbuch, naheliegende Namen oder eine Liste an Wörtern ausprobiert, bis das Passwort gefunden wird. Daraus ergibt sich die Anforderung, dass das Passwort komplex gestaltet sein soll, damit die Suche erfolglos verläuft.[3]

Beim sogenannten Social-Engineering-Angriff werden eine Person und deren Umfeld ausspioniert. Aus den gesammelten Informationen wie Namen des Partners, Lieblingsverein etc. interpretiert der Angreifer mögliche Passwörter oder bekommt diese unbewusst von der angegriffenen Person genannt[4] Auch hieraus erfolgt die Forderung, dass Passwörter komplex gestaltet werden, damit ein solcher Angriff erfolglos verläuft sowie, dass Anwender vertraulich mit Ihren Passwörtern umgehen müssen, um diesen Angriff zu vermeiden.

Um sich vor Angriffen zu schützen sind einige Regeln zu beachten. So sollte das Passwort nirgendwo notiert oder weitergegeben werden, um das Risiko durch einen Angriff durch Social Engineering zu verringern. Die Länge des Passworts sollte möglichst lang aber mindestens zehn, besser zwölf Stellen betragen und Groß- und Kleinschreibung sowie Zahlen und Sonderzeichen enthalten, um das Risiko durch Brute-Force-Angriffe rechnerisch zu eliminieren. Darüber hinaus sollen die verwendeten Zeichen auf den ersten Blick keine sinnvolle Zusammensetzung ergeben um Wörterbuchangriffe zu vermeiden. Eine Änderung des Passworts sollte in angemessenen Abständen erfolgen.[5]

In diesem Kapitel haben wir die Grundlagen der Passwortsicherheit erläutert und die Kriterien für sichere Passwörter sowie die gängigen Angriffsmethoden diskutiert. Im nächsten Kapitel werden wir einen Überblick über die Programmiersprache Java geben und erklären, warum sie sich für die Entwicklung sicherer Anwendungen eignet.

---

[3] Vgl. Pohlmann (2022), S. 67
[4] Vgl. Pohlmann (2022), S. 189
[5] Vgl. Pohlmann (2022), S. 191

3 Überblick über die Programmiersprache Java

Java ist eine objektorientierte und plattformunabhängige Programmiersprache, die vom ehemaligen amerikanischen Unternehmen Sun Microsystems entwickelt und 1995 in ihrer ersten Version veröffentlicht wurde.[6] Im Jahr 2009 hat der ebenfalls amerikanische Hard- und Softwarehersteller Oracle Corporation die Firma Sun Microsystems mit allen Produkten und Patenten übernommen und entwickelt Java seitdem kontinuierlich weiter. Die aktuelle Version ist Java SE 21. Das Sprachkonzept Java leitet sich auf unterschiedlichen älteren Programmiersprachen ab. Vorrangig wurden einfache Datentypen und Operatoren von den Programmiersprachen C bzw. C++ übernommen.[7]

Der größte Vorteil von Java ist die Plattformunabhängigkeit. So kann der Code auf verschiedenen Betriebssystemen zum Einsatz kommen. Im Gegensatz zu vielen anderen Programmiersprachen wird bei der Kompilierung des Java Quellcodes nicht direkt prozessorspezifischer Maschinencode generiert. Stattdessen wird ein sogenannter Bytecode generiert, welcher in einer class-Datei abgelegt wird, und von der sogenannten Java Virtual Maschine (JVM) verarbeitet und ausgeführt werden kann.[8] Des Weiteren sorgt das Java-Security-Modell für den sicheren Programmablauf auf verschiedenen Ebenen. So wird der Programmcode gar nicht erst ausgeführt, sollte der Bytecode fehlerhaft sein. Auch sorgt das Security-Modell, dass kein Lese- bzw. Schreib-Zugriff auf private Variablen möglich ist.[9]

Die objektorientierte Programmierung, auf der Java basiert, zielt darauf ab, die Komplexität von Software durch eine Modellierung anzugehen, die der menschlichen Denkweise näher kommt. Die objektorientierte Programmierung basiert auf dem Konzept, dass Softwareobjekte, ähnlich wie Objekte in der realen Welt, Eigenschaften haben, die miteinander interagieren können. Klassen dienen dabei als Blaupausen für die Erstellung dieser Objekte, indem sie deren Struktur und Verhalten definieren.[10]

---

[6] Vgl. Hölzl, M./Raed, A./Wirsing, M. (2013), S. 1
[7] Vgl. Goll, J./Heinisch, C. (2014), S. 70
[8] Vgl. Ullenboom, C. (2022), S. 53
[9] Vgl. Ullenboom, C. (2022), S. 57
[10] Vgl. Ullenboom, C. (2022), S. 54-55

4 Konzeption des Passwortgenerators

Wie bereits in Kapitel 2 erörtert, hängt die Sicherheit von Passwörtern maßgeblich von der Stärke der verwendeten Passwörter ab. Ein Passwortgenerator ist ein Werkzeug, das automatisiert eine Reihe von Zeichen erstellt, die als Passwort verwendet werden können.

Der Passwortgenerator soll die folgenden Anforderungen erfüllen, um ein angenehmes Anwendungserlebnis sicher zu stellen:

Der Passwortgenerator soll in der Lage sein, Passwörter zu erzeugen, die aus einer zufälligen Kombination von Groß- und Kleinbuchstaben, Zahlen und Sonderzeichen bestehen. Diese Vielfalt an Zeichen erhöht die Komplexität der Passwörter und macht sie somit sicherer gegenüber Angriffen. Daneben soll der Benutzer die Möglichkeit haben bestimmte Parameter des Passworts im Passwortgenerator anzupassen. Dazu gehört die Passwortlänge, sowie die Auswahl spezifischer Zeichensätze, aus denen das Passwort generiert werden soll. Diese Flexibilität ermöglicht es Benutzern Passwörter entsprechend ihrer individuellen Sicherheitsanforderungen zu erstellen. Des Weiteren soll die Benutzeroberfläche des Passwortgenerators intuitiv und leicht verständlich sein, sodass auch Benutzer ohne technischen Hintergrund problemlos sichere Passwörter generieren können. Dass die Bedienung effizient und ohne unnötige Komplexität erfolgen soll trägt dem Rechnung. Die generierten Passwörter müssen über allem hohe Sicherheitsstandards erfüllen und damit so konzipiert sein, dass sie resistent gegen Brute-Force-Angriffe sowie Wörterbuch-Angriffe sind. Dies wird durch Verwendung eines starken Zufallsgenerators erreicht. Um den Benutzer entsprechend zu sensibilisieren, ist es notwendig anzuzeigen, welche Stärke bzw. Sicherheit das Passwort unter den gewählten Parametern hat.

Diese Anforderungen bilden das Fundament für die Entwicklung eines effektiven und sicheren Passwortgenerators. Sie gewährleisten, dass die generierten Passwörter den Benutzern ein angemessenes Maß an Schutz bieten, Sensibilität für das Thema Passwortsicherheit schaffen und gleichzeitig benutzerfreundlich sind.

5 Entwicklung des Passwortgenerators in Java

Dieses Kapitel widmet sich der Entwicklung und Implementierung des Codes für einen Passwortgenerator in Java. In den nächsten vier Unterkapiteln ist die Erläuterung der Entwicklung der vier relevanten Java-Klassen des Passwortgenerators.

Zur Anwendungsentwicklung wurde die Entwicklungsumgebung Eclipse IDE for Java Developers in der Version 2023-09 (4.29.0) sowie JavaSE-17 in Form des Java Development Kit (JDK) eingesetzt. Über Eclipse erfolgte ebenso die Projektverwaltung sowie die Kompilierung zum Starten und zum Testen der Java-Anwendung. Die Lauffähigkeit wurde unter macOS Sonoma 14.2.1 getestet. Um eine bessere Lesbar- und Verständlichkeit des Nachfolgenden Texts zu erzielen, befinden sich jeweils zu Beginn der Unterkapitel dieses Kapitels ein vereinfachtes Klassendiagramm. Diese wurden mithilfe der Software PlantText erstellt. Die Quellcodes zu den Klassen sind in Anlage 2 zu finden.

5.1 Die Klasse PasswordGenerator

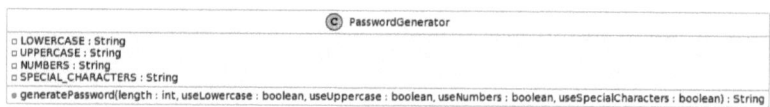

Abbildung 2: Klassendiagramm PasswordGenerator

Die Klasse *PasswordGenerator* dient der Erzeugung und Ausgabe eines Passwortes. Die Klasse definiert die variablen *LOWERCASE, UPPERCASE, NUMBERS* und *SPECIAL_CHARACTERS* als Zeichenkette für Kleinbuchstaben, Großbuchstaben, Zahlen und Sonderzeichen mit dem Zugriffsmodifikator *private static final* um die Komplexität der Passwörter zu gewährleisten. Die Methode *generatePassword* akzeptiert fünf Parameter: Die gewünschte Länge des Passworts als *int*-Wert und vier *boolean*-Werte, die angeben, ob Kleinbuchstaben, Großbuchstaben, Zahlen und/oder Sonderzeichen im Passwort enthalten sein sollen. Der Datentyp *int* wurde gewählt, um eine möglichst breites Wertespektrum für die weitere Entwicklung in der Zukunft zu gewährleisten. Basierend auf diesen Parametern konstruiert die Methode eine Zeichenliste, die die Zusammensetzung des Passworts bestimmt. Falls keine der *boolean*-Variablen ausgewählt wird, informiert das System, wie auf Abbildung 9 in Anlage 3 zu erkennen, den Benutzer, dass

7

mindestens eine Option gewählt werden muss. Für die Generierung der Passwörter wird die *SecureRandom*-Klasse aus dem *java.security*-Paket verwendet um eine hohe Entropie zu garantieren. Der *StringBuilder* wird zusammen mit der *SecureRandom*-Methode eingesetzt, um eine zufällige und sichere Zeichenfolge zu erzeugen, dann als Passwort zurückgegeben wird.

5.2 Die Klasse PasswordStrengthChecker

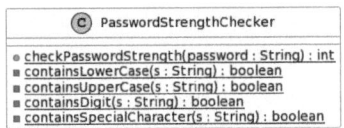

Abbildung 3: Klassendiagramm PasswordStrengthChecker

Die Klasse *PasswordStrengthChecker* stellt ein Instrument zur Evaluierung der Sicherheitsstufe eines Passworts dar. Sie implementiert die Methode *checkPasswordStrength*, welche auf Grundlage definierter Kriterien eine quantitative Bewertung der Passwortstärke vornimmt. Die Beurteilungskriterien umfassen die Länge des Passworts sowie das Vorhandensein von Kleinbuchstaben, Großbuchstaben, Zahlen und Sonderzeichen. Jedes dieser Merkmale trägt mit einem spezifischen Wert zur Gesamtstärke bei, wobei längere Passwörter und eine vielfältige Zeichennutzung höher gewichtet werden. Grob orientiert sich dabei die Gewichtung an Abbildung 1 aus Kapitel 2, die die Dauer von Brute-Force-Angriffen je nach Zusammensetzung der Parameter des Passworts vergleicht. Die Methode *checkPasswordStrength* aggregiert die einzelnen Bewertungen zu einem Gesamtwert, welcher die Stärke des Passworts repräsentiert und als Indikator für dessen Sicherheit dient.

5.3 Die Klasse PasswordGeneratorApp

Abbildung 4: Klassendiagramm PasswordGeneratorApp

8

Die *PasswordGeneratorApp*-Klasse fungiert als primärer Zugangspunkt für die grafische Benutzeroberfläche (GUI) einer Anwendung. Im Kern der Implementierung steht die main-Methode, die den Prozess zur Initialisierung der GUI im Event-Dispatching-Thread (EDT) anstößt. Dies geschieht durch den Aufruf der *SwingUtilities.invokeLater*-Methode, welche die Ausführung des übergebenen *Runnable*-Objekts im EDT einplant. Die Verwendung dieses Mechanismus ist entscheidend um die Thread-Sicherheit zu gewährleisten, die Swing-Komponenten inhärent und nicht thread-sicher sind. Innerhalb der *invokeLater*-Methode wird eine anonyme Klasse kreiert, die das *Runnable*-Interface implementiert. Die *run*-Methode dieser Klasse wird automatisch im Kontext des EDT ausgeführt. Sie ruft wiederum die Methode *createAndShowGUI* auf, deren Aufgabe es ist, das Hauptfenster der Anwendung – die Klasse *MainWindow* – zu instanzieren und sichtbar zu machen. Durch die Anwendung der *setVisible(true)*-Methode auf das *mainWindow*-Objekt wird das Fenster für den Benutzer sichtbar. Zusammengefasst etabliert der Code eine Swing-basierte GUI-Anwendung, indem er ein Hauptfenster generiert und dem Benutzer präsentiert. Die strategische Nutzung von *SwingUtilities.invokeLater* sichert die korrekte Ausführung der GUI-Kreation und - Manipulation im angemessenen Thread-Kontext, um potenzielle Probleme der Thread-Sicherheit zu verhindern.

5.4 Die Klasse MainWindow

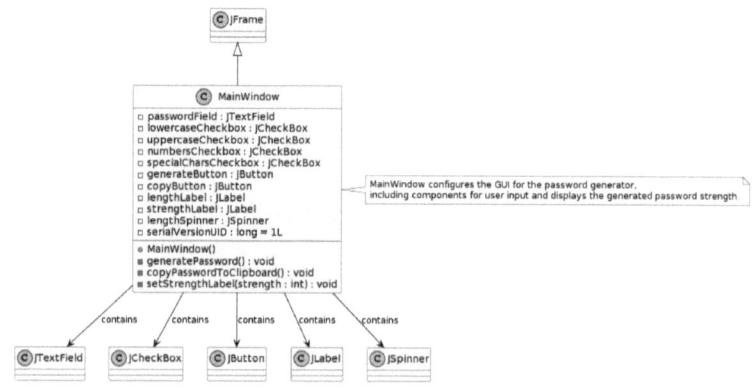

Abbildung 5: Klassendiagramm Klasse MainWindow

9

Die *MainWindow*-Klasse dient als grafische Benutzeroberfläche für den Passwortgenerator. Als Unterklasse der *JFrame*-Klasse erbt sie deren Methoden und Variablen, die für den Betrieb der GUI essenziell sind. Sie bietet eine Interaktive Plattform, auf der Benutzer ein Passwort nach bestimmten Kriterien generieren und in die Zwischenablage kopieren können. Zusätzlich gibt sie visuelles Feedback über die Stärke des generierten Passworts.

Die Implementierung dieser Klasse stützt sich auf verschiedene importierte Klassen aus der Java-Bibliothek. Die *java.swing.**-Klasse bietet eine Reihe von Klassen und Schnittstellen, die für die Erstellung von GUIs und die Verarbeitung von Benutzerereignissen unerlässlich sind. Die *java.awt.event.ActionEvent*-Klasse repräsentiert ein Ereignis, das durch eine Benutzeraktion ausgelöst wird und ist ein zentraler Bestandteil des Java Event-Handling-Systems. Das *java.awt.event.ActionListener*-Interface definiert die *actionPerformed(ActionEvent)*-Methode, die aufgerufen wird, wenn eine Aktion ausgeführt wird. Dies ermöglicht die Implementierung von Event-Handling-Logik-Klassen, die dieses Interface implementieren. Die *java.awt.datatransfer.StringSelection*-Klasse bietet einen Mechanismus zur Speicherung von String-Inhalten für die Verwendung mit der Clipboard-API. Die *java.awt.Toolkit*-Klasse stellt eine Sammlung von Hilfsmethoden bereit, die für die Interaktion mit dem System-Toolkit nützlich sind und den Zugang zur Systemzwischenablage, eine Ressource, die für den Datenaustausch zwischen Anwendungen genutzt wird. Die *java.awt.Color*-Klasse kapselt Farben im standardmäßigen RGB-Farbspektrum oder in einem von ColorSpace definierten Farbraum und wird benötigt, um Farbe in der GUI zu definieren.

Die *MainWindow*-Klasse kann – wie auf Abbildung 7 in Anhang 3 zu sehen - ein Fenster mit einem Titel und einer Schließen-Schaltfläche erstellen. In diesem Fenster repräsentieren Instanzvariablen verschiedene GUI-Komponenten. Mit der *JTextField*-Variable können Textfelder erstellt werden, die dem Benutzer auswählbaren Text zur Verfügung stellen. Dies wird benötigt, damit der Benutzer auch manuell das generierte Passwort auswählen kann. Mit der *JCheckBox*-Variable Kontrollkästchen erstellt werden, die der Benutzer wahlweise an- bzw. abwählen kann. So soll dem Benutzer ermöglicht

10

werden mögliche Parameter, wie Großbuchstaben, Kleinbuchstaben, Zahlen und Sonderzeichen auszuwählen. Mit der *JButton*-Variable Schaltflächen zum Ausführen der Passwortgenerierung und zum Kopieren des Passworts in die Zwischenablage. Sowie mit der *JLabel*-Variable unselektierbarer Text dargestellt werden kann. Mit der *JSpinner*-Variable ist es möglich, Werte per Klick zu erhöhen oder zu verringern; damit steht dem Benutzer die Möglichkeit zur Verfügung den Wert der Passwortlänge schrittweise per Klick zu verändern.

Der Konstruktor *MainWindow()* initialisiert das Hauptfenster und fügt die verschiedenen GUI-Komponenten hinzu, die der Benutzer verwenden kann. Zudem definiert er die Aktionen, die ausgeführt werden, wenn der Benutzer die verfügbaren Schaltflächen betätigt. Die *generatePassword*-Methode generiert ein Passwort basierend auf den vom Benutzer ausgewählten Kriterien, indem Sie die *generatePassword*-Methode der *PasswordGenerator*-Klasse aufruft. Die *copyPasswordtoClipboard*-Methode kopiert das generierte Passwort in die Systemzwischenablage unter Verwendung der Klassen *StringSelection* und *Clipboard* aus dem *java.awt.datatransfer*-Paket sowie der *java.awa.Toolkit*-Klasse. Die *setStrengthLabel*-Methode aktualisiert das *strength*-Label der GUI basierend auf der Stärke des generierten Passworts, wofür sie auf die *PasswordStrengthChecker*-Klasse zugreift. Das *strength*-Label gibt dem Benutzer in Verbindung mit der *java.awt.Color*-Klasse visuelle Rückmeldung über die Stärke des verwendeten Passworts.

Die *main*-Methode dient als Einstiegspunkt für das Programm. Sie verwendet die *invokeLater*-Methode der *SwingUtilities*-Klasse, um die Erstellung und Anzeige der GUI auf dem Event-Dispatching-Thread von Sing auszuführen. Dies gewährleistet einen reibungslosen Betrieb der GUI, der nicht durch andere Prozesse blockiert wird.

6   Fazit und Ausblick

Basierend auf der Aufgabenstellung aus 1.1 wurde mit der Programmiersprache Java ein Passwortgenerator entwickelt, der die geforderten Funktionalitäten bereitstellt. Basis dafür bilden die Java-Klassen *PasswordGenerator* sowie *PasswordStrengthChecker* die zum einen die Parameter für das Passwort definieren und zum anderen die

Sicherheitsstärke des Passworts bewerten. Dabei sind die Kenntnisse aus dem Grundlagenkapitel mit in die Anwendungsentwicklung eingeflossen.

Die Idee eines Passwortgenerators stellt keine bahnbrechende Neuerung dar, da bereits zahlreiche Versionen mit ähnlichen Merkmalen existieren. Die wirkliche Herausforderung besteht darin, diesen weiterzuentwickeln und neue Funktionen und Verbesserungen einzuführen, die den Generator von bestehenden Lösungen abhebt. Die gegenwärtige Gestaltung des Passwortgenerators ist eher grundlegend, insbesondere die Beurteilung der Passwortstärke, die noch verfeinert werden könnte. Die vorhandene Bewertungsmethode bietet jedoch einen praktischen Ansatz, um Nutzern eine Orientierungshilfe zur Sicherheit ihrer Passwörter zu geben. Insbesondere durch seine kleine Dateigröße und das *.jar-Format der ausführbaren Datei kann er problemlos transferiert werden und auch allen Betriebssystemen ausgeführt werden, was einen großen Benutzerkreis fördert. Da sich die Möglichkeiten der potenziellen Angreifer durch die technische Entwicklung ständig verbessern werden, ist eine regelmäßige Anpassung der Bewertung der Bewertungsparameter notwendig. Zukünftige Anpassungen könnten das Nutzererlebnis durch Features wie einen Dunkelmodus verbessern. Eine weitere mögliche Erweiterung wäre die Einführung eines Multi-User-Systems und die Speicherung der generierten Passwörter in einer Datenbank. Insgesamt bietet das Projekt trotz der kritischen Punkte eine wertvolle Gelegenheit, praktische Erfahrungen zu sammeln und theoretisches Wissen anzuwenden. Es unterstreicht die Notwendigkeit einer kontinuierlichen Entwicklung und Anpassung in der Technologiebranche, um Sicherheit, Benutzerfreundlichkeit und Datenschutz zu gewährleisten.

Quellenverzeichnis

N. Pohlmann, *Cyber-Sicherheit: Das Lehrbuch für Konzepte, Prinzipien, Mechanismen, Architekturen und Eigenschaften von Cyber-Sicherheitssystemen in der Digitalisierung.* Wiesbaden: Springer Fachmedien Wiesbaden, 2022

C. Ullenboh, *Java ist auch eine Insel, Einführung, Ausbildung, Praxis, 16., aktualisierte und und überarbeitete Auflage.* Bonn: Rheinwerk Verlag, 2022

M. Hölzl, A. Raed, M. Wirsing, *Java kompakt, Eine Einführung in die Software-Entwicklung mit Java.* Heidelberg: Springer-Verlag Berlin, 2013.

J. Goll, C. Heinisch, *Java als erste Programmiersprache, Ein professioneller Einstieg in die Objektorientierung mit Java, 7. Auflage.* Wiesbaden: Springer Vieweg, 2013.

Hive Systems, LLC, Internetquelle, https://www.hivesystems.io/blog/are-your-passwords-in-the-green , Abgerufen am 11.02.2024, 09:07 Uhr

Anhangsverzeichnis

Anhang 1 Klassendiagramm Passwortgenerator

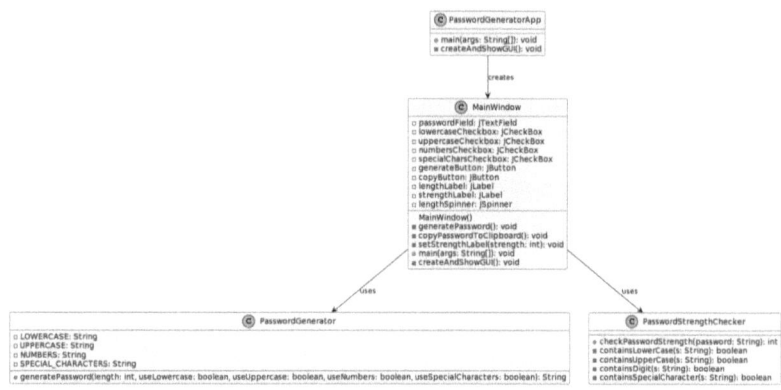

Abbildung 6: Klassendiagramm Passwortgenerator

Anhang 2 Quellcodes

Anhang 2.1 Quellcode Klasse PasswordGenerator

Anhang 2.2 Quellcode Klasse PasswordStrengthChecker

Anhang 2.3 Quellcode PasswordGeneratorApp

Anhang 2.4 Quellcode MainWindow

Anhang 3 Anwendung Passwortgenerator

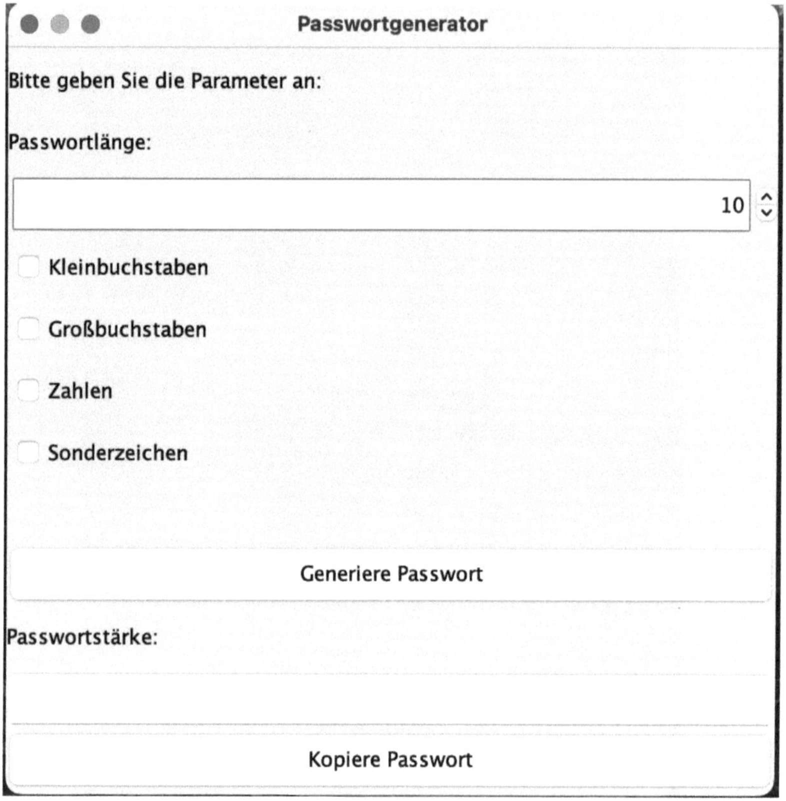

Abbildung 7: Passwortgenerator Startzustand

● ● ●   **Passwortgenerator**

Bitte geben Sie die Parameter an:

Passwortlänge:

20 ⌄

☑ Kleinbuchstaben

☑ Großbuchstaben

☑ Zahlen

☑ Sonderzeichen

Generiere Passwort

Passwortstärke: Sehr Stark

@t.uG8W{U"wZ&sHcb*-

Kopiere Passwort

Abbildung 8: Passwortgenerator in Ausführung

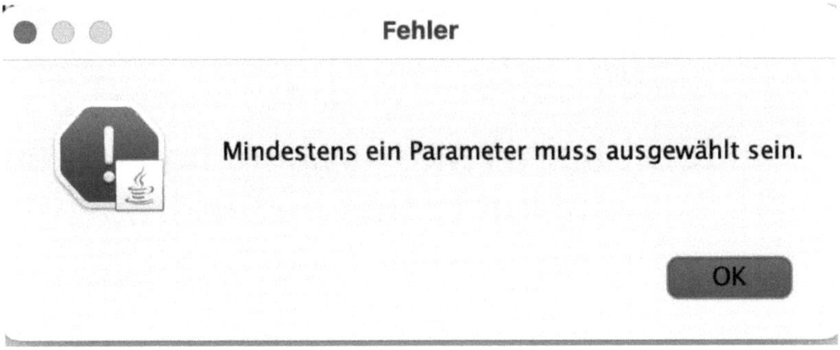

● ● ●   **Fehler**

Mindestens ein Parameter muss ausgewählt sein.

OK

Abbildung 9: Fehlermeldung zu wenige Parameter

BEI GRIN MACHT SICH IHR WISSEN BEZAHLT

- Wir veröffentlichen Ihre Hausarbeit, Bachelor- und Masterarbeit

- Ihr eigenes eBook und Buch - weltweit in allen wichtigen Shops

- Verdienen Sie an jedem Verkauf

Jetzt bei www.GRIN.com hochladen und kostenlos publizieren